SILVIA ABAD MONTOLIÚ

LA BOCA CONTRA EL CANTO

Editorial Dilema
Madrid, 2024

Colección de poesía dirigida por Antonio Ortega

© Silvia Abad Montoliú, 2024
© Editorial Dilema, 2024
Ibáñez Marín, 11 - 28019 Madrid
Teléfonos: 91 4729 071 y 670 367 479
info@editorialdilema.com
www.editorialdilema.com
ISBN: 978-84-9827-652-7
Depósito legal: M-2214-2024

Diseño de Colección: María Pérez-Aguilera

Diseño de Portada: Esther Hernández

Maquetación: Toñi Riera Vales

LA BOCA CONTRA EL CANTO

Deja que abra en mi carne rutas
hacia la palabra, que mis animales
me devoren en su baile violento;
moriré envuelta en sus alientos ásperos,
después los invitados les dejarán algunas sobras.

Las encontré en la calle un día,
estas manos. Las encontré en la calle;
tejían el límite de las cosas.

El agua hirviendo, la piel herida.
Desperté y ya era ella, llevaba su nombre;
me dieron un arma y les seguí entre el fuego;
las manos hundidas en lejía caliente.
Limpiar, desinfectar. La garganta seca,
las yemas arrugadas y el puño despellejado.
Diane dice "lo peor es cuando comen arroz
porque se queda pegado al suelo".
Les seguí con la carne dura, incomible.

Comen ciruelas al sol, sentados en la hierba;
no saben aún del animal atrapado
a la vez en tu mano y en la mía.

En el sueño la muerte eras tú que huyes,
un árbol de fuego cuyos frutos
se desprenden a mi paso.

Del otro lado los boxeadores
llaman a los presentes para el espectáculo;
luchan y se fotografían para nada.

Me seguían niños felices
de vuelta al apartamento;
dos trenes vacíos se cruzaban.

Aún tu cuerpo dormita sobre mi cuerpo,
tu cara aún busca mi cara que arde;
la carretera no existía antes de nosotros,
fue puesta aquí para este día como un regalo.

Que el azar sea suficiente;
que una noche junto al río
digas mi nombre y yo acuda.

Qué triste amar
algo que no sabe amar.

Quiero decir: es triste
que seas el garabato de un hombre.

Habla de la guerra; un mapa tallado
sobre la garganta. La ciudad ahí fuera
se parece a un lugar al que no volveremos.

Por la mañana cada boca
es un cuaderno de viaje.

La idea se hizo carne y se unió a nosotros;
en algún lugar una mujer sin nombre baila
frente al vigilante dormido del museo.

Una paloma se desploma en pleno vuelo;
alguien espera a las puertas de la fábrica.
Lleva al hijo entre los dientes,
asomado curioso entre los dedos
en el puño.

La ciudad como un lienzo recién pintado;
un mendigo guarda sus pertenencias
en la caja de luces junto al río.

Estamos de paso; llevamos
los zapatos de un muerto. Una tarde
nos saldrán algodones en las mejillas,
nuestros nombres nos traicionarán
y les dirán dónde estamos.

Se nos abrirán por fin los puños;
se hablará brevemente de los hechos
en algún periódico clandestino.

El pelo en batalla, la ira al raso;
ignorarán tu grito que viene de tan lejos,
te arrastrarán como en ofrenda
y los hambrientos reclamarán su parte.
Sus bocas son una sola boca
y pronuncia todos tus nombres al unísono.

Al volver lo vivo en tu puño
llenará todos los rincones de la casa.

La muerte es un soldado;
disciplina y lealtad son su cuchillo.
Humilde camarada no juzga,
se entrega ciegamente
a su encargo, mártir de sí misma.

Un viejo dice "la muerte es un parto";
su idioma es mi idioma y es frontera.
Su idioma abre una galería en mi carne;
soldado entre mis manos lo que aún no sé.

Tu boca como de mentira,
tu boca como un pájaro de plástico
en bandada de a uno.

Folklore color herida
tu boca contra el canto.

Su idioma se dice en contrasentido;
el tiempo y sus manos de yesca
tiernos esperan en torno a sus cuellos.

Es domingo, dormimos sobre restos
de amianto y carne que ya no es carne,
arriba en la montaña.

En el camino, campos de trigo que arden;
en el asiento de atrás los otros cantan.

Arrasará las ciudades que recorrimos juntos
cientos de noches blancas, se llevará consigo
el aullido duro del hambre.

Libera el animal vivo en tu puño,
pues se acerca la turba y ya nos llaman.

Era esto lo que querías, tómalo.
Tenlo en tus brazos; grita como un niño
asustado; ámalo como a un niño asustado.

Talla su nombre en tu voz; eres madre
porque alimentas con tu carne
su boca justa.

Les seguirás con ello de tu mano;
este debiera ser un amor alegre.

Habitarla o comer su carne dura,
digerir o viajar a solas; más tarde
ya de noche volver de ella,
de la fiesta intermitente de haber sido.

Y somos pero lejos en la noche fría;
y con la misma cuerda fría quisiera atarle,
que duerma por siempre en mi hombro,
que muerda para zafarse.

Los faros tejen a nuestro paso el camino
como un regalo; los otros fingen
no oler nuestro hambre.

Nuestra casa es pequeña.
En nuestra casa
hay trampas para mosca colgando del techo.
BZZZZ, BZZZZ...y a las pocas horas
mueren intentando despegarse
(o quizás sólo se rindan).
También hay fotografías
y algunos objetos personales.
Nuestra casa es el Guernica dos veces.
Nuestra casa es tan pequeña
que me cabe en los ojos.
Es pequeña como las cosas muy pequeñas
o las cositas que se caen y nunca aparecen.
Desde el ventanuco del baño
se ven las rodillas de los vecinos
subiendo la escalera.
Desde la ventana de la cocina
se ven los pies de los vecinos
subiendo y bajando la escalera.
Esta casa es diminuta.
BZZZZ, BZZZZ...

Mi casa no se hizo
para otra cosa que para ser casa:
para que vivieran dentro viejos,
para que se hicieran dentro niños.

Por la ventana del salón, los trenes que pasan;
por la ventana de la cocina, la luna que entra.

En el recibidor besé tu cara y me temblaba la boca;
cerrado al mundo tu canto buscaba un cobijo.

No seré devorada por el poema;
no me interesan los labios mullidos
de la palabra.

Tu ausencia araña como el hambre,
pero esta carne es de verdad
y aún es mía.

Traigo la piel nueva, las manos duras;
que recojan los jirones de tu ropa
junto al manantial del que no volviste,
que lleven hasta tu casa cántaros de agua fría
y acaricien húmedas la cara de tus padres.

Mi espera es una lengua seca,
un pájaro acartonado
en el suelo de la terraza.

Hubiese sido el nuestro
un amor alegre.

Su carne fue cierta. Su carne
tierna templada sobre mi cuerpo
era cierta.

Si canta es el vientre quien canta
y no el labio.

Todo lo que dije
fue queriendo.

Eres el último animal que se refugia
antes de la tormenta,
un niño quieto entre los cardos
bajo la luz espesa de agosto.

La palabra solía ser un pasadizo,
un rastro de migas o trigo que arde.

Alguien dispara a los patos
en el bosque, junto al río;
una vieja se frota las manos
para convertir en jabón las flores.

Adórame; que mi vida dure
lo que dure la tuya.

Deja que los otros me llamen
por tu nombre, que al acabar el poema
seamos aún la misma persona.

Haz garabatos de lo que no sé decir;
sin piedad arráncame lo que te quitaron.

Un cuerpo herido es más cuerpo,
un cuerpo cansado de saltos y huidas
es cárcel y ala.

En mis manos se derrite la nieve.
En su hogar, él todavía no ha llegado.

Es temprano, muy temprano; en la calle
solo hay pájaros que chasquean la lengua
y niños fugitivos que vuelven corriendo a casa.

Cuando paso, activan la máquina:
los matorrales secos adquieren
la forma cuadrada de un televisor.

Esperando que mis pasos se clavasen en el cemento,
la mujer de las rodillas invertidas me miró con pena.

Sigo dormida en la sala de juegos
en la que me encerré de niña
para llorar a oscuras.

Es temprano
y las calles todavía siguen dobladas
en ciertos puntos de su anatomía.

En el frío suave
me dirijo a un lugar
que tampoco es mi lugar.

Como un nómada:
cuando se acaben los suministros
buscaré otra tierra.

Permanezco en el suelo de esta casa
con las palmas de las manos abiertas, exigiendo.
Mujer atrapada en cuerpo de mujer.
Mujer atrapada en cuerpo.

Los niños del barrio rompieron
las ventanas con piedras. Dejaron
un lazo blanco colgado del pomo.

Tú que vagas por el bosque que me cerca:
si gotean sangre las paredes
no dejes que la gota caiga siempre
sobre el mismo ojo.

Llegarán de nuevo el verano
y las brisas lisboetas,
la cerveza desventada
en el paseo marítimo.

Te diré *aún somos jóvenes*,
pero pasará el tiempo
y empezaré a decirlo con pena.

Todavía espero, es cierto,
pero ya nunca seré Rimbaud.

Madre soy porque di mi leche;
bebieron de mí hasta hartarse,
hasta quedar llenos de mí
y yo de ellos.

Los vi marchar y esperé;
mantuve la casa caliente,
la despensa llena y los perros tranquilos.

Guardé sus pertenencias como a pájaros heridos
sobre los armarios.
Vigilé hasta que todos los autocares se vaciaron,
hasta que no vinieron más turistas los domingos.

Mantuve mi carne tierna
por si al volver traían hambre.

Me gusta tomar a personas libres de la mano
y que me besen con los ojos abiertos,
que me miren primero el ojo derecho, en llamas;
después el izquierdo, aturdido.
Que de todo lo que tengamos,
los labios no valgan nada,
que la ceguera venga después del beso.

Había que hacer algo hermoso con este dolor,
y de cada herida nació un pájaro.
La calma es caminar sobre la línea blanca
sin hundirse; la calma es tu ausencia, no buscarte.

Una paloma picotea heces en la acera;
todo sigue igual y sin embargo
no es esta ya la piel que tocaste.

En la boca del hijo hay un campo de centeno;
a cada grito empequeñece entre las espigas,
mas prosigue tu viaje, quema su ropa,
los zapatitos azules.

La ira es un niño sexuado; huye de sí mismo
por los pasillos de la casa que ahora habitas.
En la calle los borrachos cantan y farfullan,
arrastran esquirlas en los zapatos.

Este será el último lecho en que reposes.
Al subir al tren ya nada quedaba
de aquel cuerpo en las vías.

Una mujer se mira en los cristales;
dos crisálidas por ojos. El camino
nunca es el mismo en el viaje de vuelta.

Es el último tren de la tarde;
los que atraviesan los vagones
arrastran de la mano niños que susurran.

A lo lejos alguien incendia
lo que un día fueron flores.

Vimos perros eufóricos que mordían la mano del amo
hasta casi engullirle en la ternura
y madres que llevaban en los brazos,
como quien arrastra el miedo,
el peso horrible de un niño moribundo.

Querías habitar la casa vacía de la ausencia,
pero la furia es un hermano avergonzado,
un siamés perenne que también te besa.

Te alejas al ritmo de las cosas que mueren;
yo juego a esconderme con los otros niños.

Frente a mí, la imagen
de lo que no sé decir.

El aire caliente entre los cardos
canta un tintineo como de aguja.

Tu mundo es pequeño;
tu mundo es tan pequeño
que me cabe en los ojos.

Existes y deshaces el lazo,
abres una galería hacia el centro,
como una puerta que aún no habíamos visto
en nuestra casa.

Visto a mi patria con el instinto.
Lentamente arde y se vierte en la copa,
el cuerpo se convierte en jaula para el propio cuerpo.

La guillotina me sesgó las manos
cuando intenté salvarte de sus lenguas;
sostengo entre los labios
las letras de colores que me alumbran.

Soñé que traficaban con mi sexo;
arranqué mis mechones
y tallé *libertad* en la cerilla.

Los criarás como si fueran tuyos;
aprenderán tu idioma de juguete,
tendrán también ellos manos de mármol roto.

Besarán mi frente con la misma boca blanda;
me reñirán con la misma voz severa
para que pueda amarlos.

Los domingos nos sentaremos a la misma mesa,
esperaremos el mismo tiempo;
todos a la vez los nombres
abrirán la boca para comerme.

Si no tomé ese tren a ninguna parte
ni tomé la ambrosía de mis dioses
en esos cuartuchos oscuros cuando ya amanecía
y ya nada valía demasiado,
¿quién dice que haya nacido para este miedo?

No nací para vivir en la duda,
aunque sepa reconocerla
en los ojos del transeúnte;
no sé abrazar al que llora.

Extraigo los pies del suelo
que me florece en este instante.
Demasiada hojarasca.

Te invoco con mi palabra y mi palabra
es siempre extranjera; hay un deje tuyo
alrededor de todas las cosas.

Tus manos que me escriben
son también mis manos que te dibujan,
como un reclamo antiguo que ignoramos
y nadie más conoce.

Nada se dice.
Tumbados en la hierba del poema
una lombriz recorre exhausta tu contorno.

Hay un nudo en mi tórax
que responde al nombre de nuestra hija.

Me pregunto tantas veces qué sería de ella
si yo cayese, una noche,
en tus trampas de mantis religiosa
o en los juegos demoniacos de aquel otro, del estéril.

He perdido la cuenta de los hijos
que se me han muerto dentro.

Pinto rosas marchitas
con sus cadáveres azules.

Recibo tus manos, dos ostras
blandas y amoratadas
abiertas sobre mi pecho.

Recibo la torpeza de la palma,
el azúcar entre los dedos; garabateas
mi cuerpo que tiembla, me cubres
de insectos vivos de plata.

Al otro día me comparas
con algo que tú creaste;
el parecido asusta.

Tejieron miedo sobre mis ojos,
cubrieron mi rostro de palabras de tierra
y me dieron otros nombres
para que nadie me encontrara.

La rabia, palabra atorada en la encía,
fiera atada a mis muñecas;
fiel a la carne, ladra toda la noche.

El letargo es blando y mece con miedo
como quien suplanta a la madre;
nunca antes estuviste tan hambrienta.

Añoras la luz sucia, el cuerpo translúcido
de los extraños,
bailar bajo el quitasueño
los domingos por la mañana.

Andar como una pupa hueca
para hacer tiempo y que las calles
huelan a lejía y agua sucia.

Ir al mercado a comprar libros con Rubén;
dormitar con Julia a la puerta del colegio.

A esta edad me haría madre, eso dijo.
A esta edad de mí ternura y él embuste
nacería una cría pálida.

El dolor fue diamante, ajuar
de novia dichosa; la parí
y tenía la boca cosida, las mejillas quemadas
de jugar a cazar ballenas.

Lamento tanto no haberte escrito antes;
en los baños del museo
salió de mi carne callada la palabra.

Cuando come huevos crudos
con tanta sal que dan sed, casi arcadas,
las piedrecitas rosas
se le rompen entre las muelas
con un crujido mínimo.

Termina y aplasta la cáscara
entre las manos pegajosas
como un regalo que no quisiera.

Era la calma espesa y resbaladiza,
redonda, una bombilla naranja
inmensa en algún lugar lejos.

En el edificio rosado donde ahora vives
una mujer corta pescado crudo frente a los músicos;
la ausencia la golpea como dos palabras
que nunca antes fueron juntas.

Arranca de mi carne todo lo que me pertenece,
refléjate en el párpado de mis crías
de sombra.

Ten a mis hijos, cálmalos.
Haz de ellos hombres tiernos,
mujeres soldado.

Críalos sin miedo, no les hables
de mí sino de lo que éramos:
hombres tiernos, mujeres soldado.

Cinco pedazos de cabra dura,
ocho huevos crudos, vaciados directamente sobre la boca.
Un bote de miel de flores
(una cucharada por la noche
y otra por la mañana porque tosías).

La piel de la boca te sabía a oro.

Medio kilo de pasta,
tortilla sin cebolla porque no quedaba,
diez litros de cerveza, veintiocho makis California,
dos vasos de zumo de limón amargo,
pan de mandioca, dos kilos de carne que aún sangra,
licor de melocotón,
dos bolsas de ositos de goma,
doscientos mililitros de sirope de fresa
(para el camino de mi casa a la fábrica).

Los pies de la vieja tras el marco
como en una pintura famosa.

"Viviremos de lo que dé la montaña"
y la montaña nos dio ciervos que huían,
ratas corriendo por el tejado.

No vuelvas, no vuelvas.

Quiero velarte como encendiendo un fuego,
como una vieja que espera la dureza perfecta de la carne
mientras otros se aman y se mienten
en la novela turca de la tarde-noche.

Encendimos una tarde nosotros el fuego.
Me traías ramitas mojadas como un presente;
tus manos eran dos cuencos llenos de ansia.

Respiramos el mismo humo,
caminamos el uno detrás del otro
toda la noche como soldados contentos.

Dos criaturas dormidas custodian
tu palabra; la palabra se desprende
como un fruto incendiado sobre su sueño.

La palabra fue un escondrijo, un beso blando,
un artefacto para borrar huellas.

Limpiemos pues esta casa de todo rastro,
de todo amor, de toda palabra.

Índice